Bibliografische Information der Deutschen Nationalbibliothek:

Die Deutsche Bibliothek verzeichnet diese Publikation in der Deutschen National-
bibliografie; detaillierte bibliografische Daten sind im Internet über http://dnb.d-
nb.de/ abrufbar.

Coverbild: wikipedia.org | jorgen mcleman @Shutterstock.com

Impressum:

Copyright © 2019 GRIN Verlag
Druck und Bindung: Books on Demand GmbH, Norderstedt Germany
ISBN: 9783346129796

Dieses Buch bei GRIN:

https://www.grin.com/document/505130

Elena Stegemeyer-Senst

Was soll ich tun? Definition von Moral und Ethik sowie Anwendung auf die Serie "Breaking Bad"

GRIN Verlag

GRIN - Your knowledge has value

Der GRIN Verlag publiziert seit 1998 wissenschaftliche Arbeiten von Studenten, Hochschullehrern und anderen Akademikern als eBook und gedrucktes Buch. Die Verlagswebsite www.grin.com ist die ideale Plattform zur Veröffentlichung von Hausarbeiten, Abschlussarbeiten, wissenschaftlichen Aufsätzen, Dissertationen und Fachbüchern.

Besuchen Sie uns im Internet:

http://www.grin.com/

http://www.facebook.com/grincom

http://www.twitter.com/grin_com

Was soll ich tun?

Moral und Ethik:
Was ist das überhaupt?

Elena Stegemeyer-Senst

Studiengang Soziale Arbeit

M_10 Ethik, WS 19/20

Inhalt

„Gut" und „Böse"

„Walter White – ein freier Fall aus der Moral"?

(Tagesspiegel vom 15.12.2013)

Die Figur Walter White in der Serie „Breaking Bad"

„Gut"	„Böse"
Lehrer	Crystal-Produzent
Familienvater	Mörder (22 Tote, indirekt viel mehr)
Gesetzestreuer Bürger	Sehr reich

Moral – was ist das?

Etymologisch

Das Wort Moral stammt vom Lateinischen mos, moris (m) - „Sitte, Gewohnheit, Brauch"

Semantisch

Moral ist ein **Normensystem**, ein Komplex von Werten und Urteilen, der sich auf menschliche Handlungen bezieht und „einen Anspruch auf unbedingte Gültigkeit erhebt". (Hübner, S.13)

Der Begriff „Moral" ist nicht wertend, z. B. „Die Moral der Mafia ist unmoralisch."

„Moral" und „die Moralen"

Zusammenhang Moral/Ethik

Das griechische Wort „ἦθος" - „Ethos" ist das Pendant zum Lateinischem mos, moris (m)

→ „Ethik" und „Moral" haben also in beiden Sprachen eine ähnliche Bedeutung:
Sitte, Brauch, Gewohnheit

Umgangssprachlich häufig synonymer Gebrauch

Von Moralphilosophen wird differenziert:

Ethik ist die theoretische Beschäftigung mit dem Phänomen der Moral, eine philosophische Reflexion über moralische Probleme und Urteile (Ach/Siep, S.10).

Ethik bezieht sich nicht zwangsläufig auf eine Moraltheorie (bspw. „ärztliche Ethik")

Moralkonzeptionen

Konsequenzialismus bzw. Utilitarismus

Verschiedene Folgen einer Handlung werden gegeneinander abgewogen

Existenzialismus

Der Mensch steht im Fokus. Alles, was die Entwicklung der Persönlichkeit vorantreibt, ist als gut zu bewerten.

Deontologie bzw. Pflichtenethik

Passt die leitende Maxime des Handelns in ein System von Gesetzen für alle vernünftigen Wesen?

> *„Handle nur nach derjenigen Maxime, durch die du zugleich wollen kannst, dass sie ein allgemeines Gesetz werde."* (Kant, GMS:52)

Tugendethik

Es wird die Art bewertet, **wie** der Mensch seine Entscheidungen trifft, nicht alleine das Resultat als solches. (Ach/Siep, S.12)

Moralische Konzeptionen: <u>Utilitarismus</u>

Walter White in der Serie „Breaking Bad"

Unheilbar krebskrank und kann sich keine adäquate Therapie leisten.

Im Falle seines Todes hinterlässt Walter eine mittellose Ehefrau mit dem Baby und einem anderen (behinderten) Kind.

→ **Jetzt verdient er genug Geld für die Therapie und Absicherung seiner Familie**

Hätte Walter White nicht die Entscheidung getroffen, Meth zu produzieren, würden die Konsumenten den Stoff auch von woanders beziehen und so ihrer Gesundheit viel mehr schaden, da Walter Whites Produkt von allerhöchster Reinheit auf dem Markt ist!

Nichtsnutz und Junkie Jesse Pinkman bekommt einen „Ausbildungsplatz" als Chemie-Facharbeiter.

Moralische Konzeptionen: <u>Existenzialismus</u>

„I am awake"

(Walter White in „Breaking Bad", Staffel 1)

In Bezug auf die Persönlichkeit des Protagonisten:

Gibt es positive Entwicklungen zu verzeichnen?

Vorher	Nachher
Kann seine Familie kaum versorgen	**Verdient extrem viel Geld für seine Familie**
Kann keine eigenen Entscheidungen treffen	**Selbstbewusst, kann wieder selbst Entscheidungen treffen**
Wurde aus der eigenen Firma vertrieben	**„I did it for me."**

Deontologie oder Pflichtenethik

Walter belügt seine Frau und nimmt ihr damit die Entscheidungsfreiheit. **Er nutzt sie für seinen eigenen Zweck aus:**

„der, so ein lügenhaftes Versprechen gegen andere zu tun im Sinn hat, [wird] sofort einsehen, dass er sich eines anderen Menschen bloß als Mittels bedienen will, ohne dass dieser zugleich den Zweck in sich enthalte. Denn der, den ich durch ein solches Versprechen zu meinen Absichten gebrauchen will, kann unmöglich in meine Art, gegen ihn zu verfahren, einstimmen, und also selbst den Zweck der Handlung enthalten"

(Kant in: Sanders et al., 2016)

Tugendethik

Unser Handeln verändert uns.

Walter White redet sich immer ein, dass er ein ganz normales Geschäft führt. Im Nachhinein aber entwickelt er, ohne dass er selbst Meth-User ist, solche für Meth-User typischen Charaktereigenschaften wie Skrupellosigkeit, Kaltblütigkeit, Rücksichtslosigkeit, Abstumpfung – seine kriminellen Handlungen haben Auswirkungen auf seinen Charakter.

⇨ **Durch sein „Unternehmen" hat Walter White in sich „Anti-Tugenden" entwickelt:**

„Wer nämlich gut baut, wird dadurch ein guter Baumeister, und wer schlecht baut, ein schlechter [...]. Grade so ist das auch mit den Tugenden [...] durch das Verhalten in Gefahren und die Gewöhnung, von ihnen zu bangen oder ihnen zu trotzen, werden wir mannhaft oder feige. [...A]us gleichen Tätigkeiten erwächst der gleiche habitus."

(Aristoteles in: Sanders et al., 2016)

Moralische Urteile

Lassen sich als Imperativ formulieren:

„Töten ist moralisch falsch"

→ *„Du sollst nicht töten".*

Moralische Urteile sind universal: „Goldene Regel" – „Was du nicht willst, was man dir tu, das füg' auch keinem anderen zu."

Dagegen ist die Aussage „Spinat ist ekelhaft" kein allgemeingültiges Urteil, die Aussage drückt nur die persönliche Präferenz aus.

Drei Ebenen der Ethik

Metaethik

ist die Theorie der Bedeutung moralischer Wörter und Urteile.

Deskriptive Ethik

beschäftigt sich mit der Beschreibung ethischer Sachverhalte.

Normative Ethik

In der Normativen Ethik geht es um die Frage, wie sich verschiedene moralische Positionen begründen lassen, und um die Argumente für oder gegen diese.

Moral und Ethik in der Sozialen Arbeit

Diskussionsfrage:

Ist die Soziale Arbeit eine moralische Profession?

Lässt es meine Professionalität zu oder ist die moralische Haltung eher idealistischen Ehrenamtlichen vorbehalten?

Zwei Dinge erfüllen das Gemüt mit immer neuer und zunehmender Bewunderung und Ehrfurcht, je öfter und anhaltender sich das Nachdenken damit beschäftigt:

Der bestirnte Himmel über mir und das moralische Gesetz in mir.

Ich sehe sie beide vor mir und verknüpfe sie unmittelbar mit dem Bewusstsein meiner Existenz.

Immanuel Kant, Kritik der praktischen Vernunft, 1788. Kapitel 34. B

Materialien

Ach, J. S., Bayertz, K., & Siep, L. (2008). *Grundkurs Ethik.* Padeborn: Mentis

Hübner, D. (2018). *Einführung in die philosophische Ethik.* Wien: UTB

Kant, I. (1870). *Grundlegung zur metaphysik der sitten* (Vol. 28). Köln: L. Heymann

Sanders, O., Besand, A., & Arenhövel, M. (Eds.). (2016). *Ambivalenzwucherungen: Breaking Bad aus bildungs-, kultur- und sozialwissenschaftlichen Blickwinkeln.* Köln: Herbert von Halem Verlag

Schmid Noerr, G. (2012). Ethik in der sozialen Arbeit. *Eine Einführung.* Stuttgart: Kohlhammer